Terror im Islam?

AF189200

Andrea Mohamed Hamroune

Auflage 1/ Oktober 2017
Assira- Verlag Offenbach
Coverbild: 123rf, Boris Alexeev
Covergestaltung: Andrea Mohamed Hamroune
Herstellung und Verlag:
BoD- Books on Demand, Norderstedt
ISBN: 978-3-7460-3059-3

Inhaltsverzeichnis

Vorwort

Diesen Anzug, den die beiden Männer tragen, den kann jeder anziehen.

Das sind Kampfanzüge einer Truppe. Jedes Land der Welt hat Soldaten und jeder dieser Soldaten hat gelernt zu töten. Ob das nun Verteidigung ist oder Angriff, das ist immer eine Frage der Perspektive und auch der Absicht. Tatsache ist, dass diese Soldaten Menschen sind, die von einer Regierung mit Panzern, Gewehren, Jagdflugzeugen und auch Kampfschiffe ausgestattet werden.

Den Lohn der Soldaten nennt man Sold. Diese Soldaten werden dafür bezahlt, um Menschen umzubringen.

Kennt Ihr den Unterschied zwischen Freibeuter und Piraten?

Freibeuter plündern, vergewaltigen und töten im Auftrag der Regierung.

Piraten machen das Gleiche, nur mit dem Unterschied, dass sie kriminelle Verbrecher sind.

Die Religion spielt bei beiden keine Rolle. Denn jeder dieser Übeltäter verfolgt die gleiche Ideologie: Es ist Macht, Land und Geld.

Aber was hat der Islam damit zu tun?
Es gibt bestimmt dschihaddistische
Bewegungen, jedoch bin ich politisch nicht
so aktiv, dass ich eine Begründung dafür
finde, Gewalt mit dem Glauben zu
verbinden. Eine Begründung für „Krieg im
Namen Allahs". Der Islam ist eine
friedliche Religion.

Terrosismus und Journalismus

In Deutschland kann man nur Geld verdienen mit dem Islam, wenn man Terrorgeschichten verbreitet oder Hassprediger beim Namen nennt, Moscheen schließt oder Quranverteilungen verbietet. Sobald man darüber berichtet, wird zugehört und auch gelesen. Was anderes will man in Deutschland auch nicht hören.
Das Wort Scharia bedeutet in den Augen der Deutschen nur Steinigung bei Ehebruch und Handabhacken bei Diebstahl. Ich finde das armselig. Habt Ihr schon mal einen Muslim gesehen, der nur eine Hand hat? Ich kenne keinen Einzigen. Bedeutet das, dass Muslime nicht klauen oder bedeudet das, dass die Haddstrafen nicht vollzogen werden? Was auch immer?
In Amerika gilt die Scharia nicht, aber die Todesstrafe ist erlaubt. Den Straftätern wird eine tödliche Injektion verabreicht. Menschlichkeit!!!!
Kennt Ihr die Worte, Journalismus und Journalisten,Terrorismus und Terroristen? Wenn man an ein Wort ismus ans Ende

schreibt, dann meint man damit eine Übertreibung. Das bedeutet der Journalist schreibt für eine Zeitung eine übertriebene Berichterstattung. Das Wichtigste bei der Berichterstattung ist nicht die Wahrheit unbedingt, sondern die Fähigkeit mit dem Text zu dramatisieren, um den Leser schnell zu kontrollieren und zu manipulieren.

Der Journalist ist der Schreiber. Ein Journalist ist also politisch nicht unvoreingenommen und ist stets bemüht die Ideologie seines Arbeitgebers oder des Staates zu vertreten. Das bedeutet, es gibt keine neutrale Berichterstattung im Journalismus. Diese Journalisten werden dafür bezahlt, um Informationen weiter zu tragen und die Informationen zu Instrumentalisieren. Es ist im Gemeinwohl, dass das Volk genau diese Meinung vertritt, die der Boss des Journalisten vertritt und auch der Politik nützlich ist.

Wenn es also Sinn macht, finanziell strategisch gegen etwas zu sein, dann wird man sich wohl kaum in die Armut stürzen. Terrorismus ist, wenn man durch Gewalt, Angst und Schrecken verbreitet. Auch durch Terrorismus werden Menschen manipuliert.

Den Menschen wird Angst gemacht, so dass sie nicht einordnen können, wer, was, wo will, sondern es werden Opfer gezählt. Die Opfer sind nicht viel, aber willkürlich und überraschend. Es steht nicht eindeutig fest, was der Terrorist damit erreichen will, jedoch wird er zu einer Gruppe hinzugezählt, die, die oder die Ziele verfolgt. Das bedeutet, es wird mit Gewalt versucht, etwas ganz Bestimmtes durchzusetzen. Auch hier geht es um Wirtschaft, Religion und Macht.

Nun, Terroristen sind genau wie Journalisten: Es sind Menschen. Ich denke nicht, dass Journalisten religionsneutral berichten können. Journalisten gibt es bestimmt genauso viel wie Terroristen. Beide sind Einzeltäter, die jeder für sich, übertrieben schreiben oder übertrieben reagieren.

Auch ein Nachrichtensprecher ist ein Journalist. Nur eben, dass das Medium, mit dem er seine Stellungnahme veröffentlicht, das Fernsehen ist oder ein Radiosender.

Islam(ist)

Aber kommen wir zur übertriebenen Nachrichtenberichterstattung von Journalisten.

Es gibt in Deutschland nicht den Islam, sondern den Islamismus.
Es gibt in Deutschland die Islamisten aber es gibt keine Muslime.
Es gibt in Deutschland radikale Muslime, die es aber im Islam nicht gibt.
Es gibt in Deutschland Salafisten, obwohl es zwar das Wort Salaf gibt im Arabischen aber das Wort ist nicht dazu gehört. Der Mensch wird abstraktiert. Warum auch immer?
Es gibt in Deutschland Hassprediger, aber keine Vorbeter und Gelehrte.

Bei der Gelegenheit frage ich mich, warum es in Deutschland Moscheen gibt aber keine Minarette.

Ismus ist Übertreibung, ganz klare Sache. Ich weiß nicht, warum man im Journalismus immer übertreiben muss? Nun, ich bin keine Journalistin. Deswegen werde ich auch nicht übertreiben, sondern für Euch die Karre runter fahren. Ich bin nämlich eine Frau, die gerne schreibt, um die Menschen zu informieren und aufzuklären. Ich will auch keine Feindbilder erschaffen oder bestätigen, sondern nur erklären, was die oben genannten Worte wirklich bedeuten. Ich bin politisch neutral, nicht gewalttätig aber ich bin religiös motiviert. Ich bin Muslima!.

Also fangen wir ganz langsam an.
Der Islam ist eine monotheistische Religion. Das bedeutet, man glaubt im Islam an einen einzigen Gott. Der Islam wurde im 7. Jahrhundert durch den Propheten Muhammad, Friede und Segen auf ihn, zu einer Religion erhoben. Islam bedeutet, sich einem einzigen Gott zu ergeben oder anders ausgedrückt, sich zu unterwerfen. Ein Muslim ist ein Mensch, der sich einen einzigen Gott unterwirft. Das Wort Islam ist untrennbar verbunden mit dem Wort Muslim. Beide Worte gehören sprachlich und auch religiös zusammen. Man verleiht mit den Worten Islamismus und Islamist der Religion eine Dramaturgie und fremdartige

Feindlichkeit, die kein Mensch braucht.
Deutschland braucht keinen Ismus. Man
kann auch mal das ganz normale Leben
feiern. Das bedeutet, man muss weder
übertrieben berichten, noch übertrieben
idealisieren oder Ideologisieren.
Bei dem Wort Salafist ist es genau das
Gleiche. Man sollte sich also nicht fragen,
was ein Salaf ist, sondern eher erklären, wer
die Salaf waren.
Die Salaf waren die Vorfahren. Man meint
damit die rechtschaffenen Muslime bis in die
dritte Generation, die uns die Sunna des
Propheten anhand von Hadithen
(Gespräche) überliefert haben. Es waren die
Begleiter des Propheten. Verwandte oder
Helfer, die Auswanderer.
Muslim bleibt Muslim. Es gibt zwar viele
unterschiedliche Strömungen im Islam, aber
selbst bei denen bleibt jeder Muslim,
solange er sich einem Gott unterwirft.
Es gibt die Sunniten, die Schiiten, die
Ahmadiyya, die Drusen und und und. Über
73 Gruppen gibt es im Islam. Ich kenn nicht
alle und ich werde mir auch keine Mühe
geben, alle Gruppierungen beim Namen zu
nennen.

Ein Imam ist sozusagen ein Gemeindevorsteher. Ein Imam lehrt die Religion, den Islam, und führt die Gläubigen im Gebet. Ein Iman ist ein Vorbeter und Gelehrter. Es ist in jedem Fall nicht so, dass Imame Hass predigen. Imame unterrichten Glaubensgrundlagen und auch die Gottesdienste. Ein Imam erklärt auch, wie man in bestimmten Lebenssituationen den Ritus oder die Kultur des Islams lebt. Ein Muslim findet seine Gesetzgebung einerseits im Quran und andererseits in den Hadithen. Die vier Rechtsschulen wirken unterstützend bei der Rechtsprechung. Das Ergebnis oder die Summe von allem, ist die Scharia. Die Scharia bestimmt das Kulturverständnis im Islam. Die Scharia ist also keine Strafe, sondern eher eine Lebenshaltung. In der Scharia ist durch die Hadithe auch festgelegt, wie ein Muslim betet.

Das, was den Menschen Angst macht in Deutschland, sind die Haddstrafen. Haddstrafen sind Grenzstrafen. Das Ziel ist aber nicht die Strafe, sondern rechtschaffenes Verhalten. Das ist so, als wenn ich meiner Tochter das Taschengeld sperre, wenn sie den Flur nicht ordentlich wischt mit Absicht. Ich will ihr nicht das Taschengeld sperren, sondern mit der Androhung der Strafe erreichen, dass sie ordentlich wischt. Natürlich kann es dann zum Strafvollzug kommen, jedoch will ich nicht bestrafen, sondern erziehen.

Aber was bringt die Deutschen dazu, den Islam abzulehnen?
Natürlich ist es erstmal die übertriebene Berichterstattung ohne Glaubensinhalte. Hinzu kommt, dass, wenn mal berichtet wird, es immer nur um Terror geht, Selbstmordattentäter und der IS. Mit diesen Themen befüllt man im Journalismus die Zeitungen und hetzt damit das Volk auf. Es wird also nicht berichtet, sondern beweisbar gewalttätig abstraktiert. Das Thema ist immer gleich. Egal wo wir uns auf der Welt befinden: Der Islam wird ausschließlich mit Terror assoziiert.
Worum geht es wirklich oder warum ist der Islam ein Feind?
Ich nenne jetzt mal den Eckpfeiler der deutschen Wirtschaft und schreibe das Wort „Kapitalismus".

Das Hauptmerkmal im Kapitalismus ist „Das Streben nach Gewinn".

Das bedeutet, alles, was in irgendeiner Form Geld bringt, wird unterstützt.

Alles, was dem Kapitalismus entgegen wirkt, wird unterbunden und verboten.

Da in Deutschland aber Religionsfreiheit herrscht, kann man den Islam nicht verbieten. Aber man kann den Islam ausschlachten, in dem man schlechte Nachrichten über die Religion und die Gläubigen verbreitet. Das ganze nennt man dann Meinungsfreiheit.

Diese deutschen Gesetze gelten für alle Menschen. Deswegen werde ich im vollen Umfang die Meinungsfreiheit, Bildungsfreiheit und Religionsfreiheit nutzen. Aber darauf wollte ich jetzt nicht hinaus.

Ich möchte erzählen, warum es besser ist über den Islam schlecht zu reden, anstatt Glaubensgrundlagen zu verbreiten. In der Scharia sind einige Dinge verboten. Das ist aber allgemein bekannt. Es ist auch bekannt, dass viele Angelegenheiten in Deutschland lapidar hingenommen werde, während die gleiche Angelegenheit im Islam eine Strafe zur Folge haben.

Aber ich wollte weder über die Tat an sich sprechen und deren Folgen als Strafe, sondern eher darüber sprechen, was die Tat für die Wirtschaft bedeutet. Damit meine ich, was passieren würde, wenn man Folgendes tatsächlich verbieten würde.

Der Islam unterbricht den Kapitalismus

Rauchen ist im Islam verboten.
Das Verbot des Rauchen an sich, hat in der Scharia keine Grundlage. Im Quran steht dazu kein Verbot und der Prophet Muhammad, Friede und Segen auf ihn, hat das Rauchen auch nie verboten oder sogar erwähnt. Rauchen ist im Islam verboten, weil Rauchen gesundheitsschädlich ist und man damit sein Geld verschwendet.
Würde man also das Rauchen verbieten in Deutschland und auch den Verkauf von allem Rauchkram, dann würde man Deutschland wirtschaftlich schaden.
Einerseits wegen der Steuern, die jeder Raucher an den Staat bezahlt in Form von Mehrwertsteuer und auch wegen dem Umsatz.
Die Tabakindustrie erwartet für 2020 einen Umsatz von 18,2 Milliarden Euro.
Damit stellt sich mir auch die Frage, warum man diese Ekelbilder und Sprüche hinten auf einen Zigarettenpackung macht. Das ist widerlich und blödsinnig und der, der raucht, dem ist es egal. Ein netter Versuch oder ein

Anflug die Leute wenigsten ein bisschen abzuschrecken, was jedoch in Anbetracht der Umsatzzahlen wohl eher irgendjemand erfunden haben muss, der im Gesundheitsdienst tätig ist. Ich weiß nicht wirklich, was das soll.

Das Verbot der Unzucht
Unter Unzucht versteht man im Islam, außereheliehen Geschlechtsverkehr zwischen Mann und Frau. Homosexualität fällt auch unter Unzucht. Homosexualität ist eh verboten, aber das weiß auch jeder. Aber auch damit will ich nicht weiter jetzt.
In Deutschland werden in der Pornoindustrie jährlich 47 Millionen Euro umgesetzt.
Bei dem Verkauf der Pornoindustrie geht es dabei nicht nur um Prostitution, sondern auch um den Verkauf von Filmen, Sextoys und Kondomen.
Und weil es in Deutschland immer einfach wird, sich moralisch nicht untergraben zu lassen, etabliert sich auch die Homosexualität in Deutschland. Es gibt in der Buchbranche einen neuen Namen. Gayrotik. Alles, was nur irgendwie Geld bringt, ist erlaubt in Deutschland. Auch wenn

es im Höchstmaß abartig ist und pervers.

Das Verbot des Verzehrs von Alkohol
Das sind alles bekannte Verbote. Das
Verbot geht vom Quran aus. Ich verzichte
für die Nichtmuslime heute auf die
Beweispflicht. Es geht mir nur darum, dieses
Verbot in Euro umzusetzen. Das Verbot des
Verzehrs von Alkohol würde ein Verlust von
14 Milliarden Euro jährlich bedeuten. Die
Hälfte des Gesamtumsatzes trägt der
Umsatz von Bier.

Das Verbot des Drogenkonsums
Das ist ja nun wirklich verboten in
Deutschland und ich bin auch froh, dass
immer wieder Leute überführt werden und
Drogen sicher gestellt werden. Die harten
Drogen wie Kokain und so, sind wirklich sehr
gesundheitsschädlich, machen abhängig,
sind irre teuer und führen automatisch in die
Kriminalisierung. Auch besonders bei
solchen Menschen, Drogenabhängigen,
kommt es zu Diebstahl und Prostitution.
Prostitution als leicht verdientes Geld!!! Bitte
nicht.
Es gibt aber eine Droge, bei der ich als

Muslima dafür bin, dass sie legalisiert wird. Ich spreche dabei von Haschisch. Es gibt Leute, die am Tourette-Syndrom erkrankt sind und für diese Leute ist es sehr wichtig und nützlich, sich einen Joint zu gönnen. Der „Rausch" verhindert die Ticks. Jeder Mensch, der sowas schon mal gesehen hat, muss mir beipflichten, dass, wenn man so etwas verhindern kann, man es auch tun sollte.

Gott hat für jede Krankheit ein Heilmittel geschaffen. Und wenn das Heilmittel für Tourette- Kranke das Rauchen von Haschisch ist, dann sollten diese Kranken auch Haschisch rauchen dürfen, ohne Angst zu haben, strafrechtlich verfolgt zu werden. *Was dem einen nützt, kann dem anderen nicht schaden.*

Das Verbot des Verzehrs von Schweinefleisch

In Deutschland werden Schweine verniedlicht und verherrlicht. Mrs. Piggie ist das beste Beispiel.

Es geht um Fleischindustrie und Import und Export. Laut Statistik wurden im Jahr 2014, 59 Millionen Schweine geschlachtet. Der

Umsatz steht relativ dazu, da nicht jedes Fleischstück den gleichen Wert hat. Schweine werden nicht im Stück gekauft, sondern als „Lendchen" in eine Tüte eingeschweißt. Die wenigsten Kunden gehen heute noch zum Schlachter und kaufen ihr Fleisch von dort. Das Problem der Massentierhaltung ist größer als man denkt. Es müssen in jedem Fall genug Schweine produziert werden (zwangsbefruchtet) und möglichst schnell auf Schlachtgewicht gebracht werden. Ein Schwein lebt knapp über ein halbes Jahr bis es schlachtreif wird. Es ist bekannt, dass Schweine in Mastbetrieben Antibiotika bekommen, um Infektionskrankheiten zu verhindern. Schweine bekommen auch Hormone, um das Wachstum zu fördern. Schweine aus der Massentierhaltung kommen meistens mit Klauenverletzungen und Hautschäden, Atemwegserkrankungen, Bewegungsstörungen und Lehmungen, Beinschwächesyndrom, Magengeschwüre únd Ödemkrankheiten in den Schlachthöfen an. Würde die Schlachthöfe kranke Tiere nicht annehmen, würde sich automatisch auch die Tierhaltung verbessern. Es kann also kaum Tierschutz sein oder sogenannte humane Behandlung, wenn man Schweine in eine Kohlenmonoxidhöhle vertieft, damit sie durch ersticken sterben. Manche Tiere bekommen einen Elektroschock, dem sie aber nicht erliegen. Da es keine Zeit gibt in der Massenschlachtung, läuft die Tierverarbeitung weiter, ohne dass das Tier tot ist. Manche Schweine leben noch, wenn sie zur Haarentfernung in einem Brühbad versenkt werden. Die Tiere ertrinken qualvoll.

Ohne ein Tier getötet zu haben, kann man es nicht essen. Ich habe auch einen großen Zweifel daran, dass es gesund ist, kranke Tiere zu verzehren. Tatsache ist, dass, wenn das Tier erstmal tot ist und zerlegt, ein Teil so aussieht wie das andere. Ob das Tier nun vorher gesund war oder nicht, sieht man nicht. Soviel zum Thema: das Schwein, das Tier.

Das Schwein als Fleisch für den Menschen. Schweinefleisch hat einen hohen Anteil an gesättigten Fettsäuren und Cholesterien. Beides zusammen führt zu Fettleibigkeit. Der Mensch wird anfällig für Herzleiden, Diabethes, Atrhitis, Osteoporose, Alzheimer,

Asthma und für Impotenz. Durch das Antbiotika im Fleisch kann der Mensch bei Krankheit resistent werden, so dass das Medikament bei einer Krankheit bei dem Menschen keine Heilung zeigt.

Weihnachten

Jeder weiß, dass es den Weihnachtsmann nicht gibt und das Weihnachten Komsumverherrlichung ist. Das ist kein Geheimnis. Ich hab mir die Zahlen geholt von 2016 und bin beinahe hingeschlagen. Weihnachten 2016 lag der Gesamtumsatz bei 89,9 Milliarden Euro im Einzelhandel in Deutschland. Gegen Weihnachten kann man sich in Deutschland als Komsumverweigerer nicht durchsetzen. Weihnachten wird hauptsächlich durch den Einzelhandel polarisiert und uns schon ab September in Erinnerung gerufen. Egal wie und was, es gibt Rabatte und Einladungen etc.

Der Weihnachtsmann hat weder etwas mit dem Christentum zu tun, noch mit der Geburt des Propheten Jesus. Der Weihnachtsmann ist eine Symbolfigur für das Schenken. Geschichtlich gesehen geht der Weihnachtsmann auf den Bischoff Nikolaus von Myra zurück. Nikolaus von Mirya ist ein Heiliger, der von den Christen verehrt wird, weil er sein Vermögen den Armen und Unterdrückten spendete. Am 6ten Dezember feiern die Christen den Todestag Nikolaus von Myra, in dem die Eltern ihren Kindern Schokolade schenken in Form einer Nikolausfigur.

Tja und so wird alles irgendwie verdreht und verwirtschaftet.

Wenn ich jetzt als Muslima daher komme und sage, es gibt keine Heiligen und ich bete auch keine Heiligen an, sondern ich bete nur Gott an, dann bin ich das Stiefkind der Nation.

Tatsache aber ist, dass nicht der Islam die Menschen verarscht, sondern der Konsumismus.

Und schon hab ich das Unwort für 2018 erfunden: **Konsumismus.**

Ich übertreibe mit ismus. Ismus braucht man nicht, genauso wenig wie das Wort zu. Es ist zu viel, zu teuer, zu anstrengend, und auch zu unzumutbar.

Ich weiß es und alle anderen wissen es auch. Es gibt noch etwas Wichtiges, wenn man von der Tradition des Weihnachtsmanns redet und dem Beschenken. Der Weihnachtsbaum. Diese Tradition gibt es seit dem 16. Jahrhundert, hat sich aber erst im 19. Jahrhundert durchgesetzt. Nach Ansicht der Menschen holt man sich die Lebenskraft zurück durch immergrüne Bäume. Der Handel mit Weihnachtsbäumen erwirtschaftet jährlich einen Gewinn von 700 Millionen Euro.

In Anbetracht dieser Zahlen ist zu sehen, dass es förderlich ist und gewinnbringend, Geld damit zu verdienen, den Islam medial zu terrorisieren und damit ein Höllenszenario zu veranstalten. Denn nur durch diese Art des Journalismus fördert man den Kapitalismus. In Deutschland steht die Uhr nämlich auf egal und auf Geldverdienen.

In Deutschland glaubt niemand an Gott, sondern man unterwirft sich dem Kapitalismus. " Das Geld ist der Gott der Deutschen".

Die Verbote zum Schutz des Menschen

Rauchen, Drogen, Homosexualität bzw. außerehelicher Geschlechtsverkehr und Schweinefleisch. Ich hab nur fünf Dinge genannt, die im Islam verboten sind, aber bestimmt jeden zur Weissglut bringen werden, wenn ich nachhaltig und beweisbar darauf bestehe, es zu verbieten.

Nun denn. Das, was den einem lieb ist, ist den Muslim sein Ungeheuer.

Und um den letzten Zweifel zu nehmen: „Nein. Ich bin keine Hasspredigerin".

Ich betrachte mich als Dolmetscherin, um einen Umgang zu finden, damit klar zu kommen, dass es wirklich nicht gut ist, alles zu haben und zu machen, was einem der Kapitalismus gerade zu wirft.

Mann und auch Frau müssen nicht alles haben und machen, um überall dazu zugehören.

Meinungsfreiheit und Toleranz muss auch bedeutet, es zuzulassen, dass manche Menschen anders denken. Ich darf und ich kann nein sagen.

Ich spreche daher heute nur von mir. Damit bin ich alleine. Oder auch nicht!!!

Ich habe vor 17 Jahren aufgehört zu rauchen, als ich mit meiner ersten Tochter schwanger war. Ich bekam keine Luft mehr, nachdem ich eine Zigarette geraucht hatte. Kurz nach mir hörte mein Mann auch auf, zu rauchen. Nicht aus Solidarität, sondern weil er es gut fand. Ohne Rauchen lebt man gesünder und gibt sein Geld nicht unnütz aus.

Mit Drogen habe ich im Leben noch nichts zu tun gehabt. Ich denke, Drogen haben die Eigenschaft vor mir zu verschwinden, anstatt sich meiner anzunehmen. Warum auch immer?

Bei Haschisch bin ich für Legalisierung wegen den Tourettkranken.

Kein Mensch hat einen Zweifel daran, dass Drogen abhängig machen und gesundheitsschädlich sind. Auch kommt es zu Beschaffungskrimininalität und Prostitution.

Homosexualität kommt für mich als überzeugte Heterofrau nicht in Frage. Es ist wirklich nicht nötig, alles, was es gibt, breitzutreten. Genauso wenig muss ich jedem sagen, ich bin normal sexuell veranlagt oder umgekehrt. Was soll das? Ich halte es auch für unvorteilhaft jedem Menschen intime Dinge zwischen Mann und Frau auf die Nase zu binden. Es sollte eine Privatsphäre geben. Macht was ihr wollt, aber macht es nicht öffentlich. Ich finde es lustig, wenn Paare dabei erwischt werden, wenn sie in der Öffentlichkeit Sex haben. Ich lach immer über beide. Nur, außer mich finde ich niemanden lustig. Ich finde die doof, die sich erwischen lassen. Ich finde die doof, die das filmen.

Ich bin zu alt für sowas, ansonsten würde ich das auch machen. Pimpern, egal wo. Hhhh Als Muslim darf man eh nichts, jedenfalls nur als Geheimsache und zu Hause.

Tut bitte so, als ob ihr das nicht gelesen habt. Bitte!!! ;-)))))
Aber was ich wirklich ganz schlimm finde ist, wenn man sich betrügt. Wenn man seinen Partner nicht mehr liebt oder sich trennen möchte, dann sollte man miteinander reden. Gemeinsein kann jeder, aber Verantwortung zeigen, tun die Wenigsten. Deswegen muss man im Islam auch heiraten, bevor man eine

Beziehung anfängt. Es muss sicher sein, dass keiner den anderen ausnutzt. Ein Mann nutzt eine Frau meistens sexuell aus und eine Frau nutzt einen Mann meist finanziell aus. Ich finde heiraten auch wichtig, wegen einer möglichen Schwangerschaft.

Verbote und auch Gebote haben immer ihre Begründung im Islam.

Dass ich kein Schweinefleisch esse, ist selbstverständlich als Muslima. Es gibt so viel Angebot an Fleisch, dass man Schweinefleisch eigentlich garnicht braucht. Ich esse Wurst, genau wie Nichtmuslime. Ich esse Hähnchen, Pute, Kalb, Rind, Hackfleischgerichte, Döner. Da geht wirklich viel, so dass ich keinen Mangel habe, sondern eher auf Einseitigkeit verzichte und mich bereichere.

Aber das Wichtigste ist, dass man wirklich nicht alles mitmachen muss, um leben zu können. Ich verliere dadurch auch nicht an Qualität, sondern enthalte mich eher aktiv Dingen, die für mich gesellschaftlich und auch körperlich nicht gut sind. Ich lebe gesund und verantwortungsbewusst.

Nicht nur ein Mann trägt die Verantwortung

für Familie, sondern auch eine Frau. Es gibt immer ein Wir, wenn man zusammen ist. Scheidungen sind im Islam zwar erlaubt, aber nicht gerne gesehen. Egal was ist, man versucht immer einen Weg zu finden, den Streit zum Guten zu führen. Es wird versucht den Streit beizulegen und sich wieder zu vertragen.

In unserer Gesellschaft gibt es sogar Leute, die dafür bezahlt werden, aktiv Paaren zu helfen, die sich trennen wollen. Eigentlich sollte es anders sein. Die Familie bildet keinen Rückhalt mehr. Schade.

Das Verhalten der Presse, wenn es um den Islam geht

Tatsache ist, dass wenn ich etwas über den Islam höre, es niemals um den Glauben geht, sondern immer nur um Terrorismus. Der Islam wird, wo es nur geht, mörderalisiert und abstraktiert. Und es ist tatsächlich wahr: Der Islam ist keine Organisation, sondern eine Glaubensgemeinschaft. Jeder in dieser Gemeinschaft ist für sich selbst verantwortlich und unterliegt dem gleichen Gesetzt (Scharia) und Glauben (Monotheismus). Der Monotheismus ist der Eingottglaube. Aber dazu später noch Genaueres.

Wenn ich Nachrichten höre, geht es immer um Hassprediger, die Gewalt verherrlichen oder die Rechte der Frauen verachten. Laut der Medien ist die Frau stets unterdrückt und ein Heimchen, die unbegrenzt Kinder zu Hause hat. Es gibt im Islam keine Geringschätzung zum Übermaß an Kindern. Weiter geht es darum, dass erzählt wird, Männer dürfen Frauen schlagen und sollen laut Quran auch Frauen schlagen. Es wird erzählt, dass Frauen dem Mann jederzeit sexuell zur Verfügung stehen müssen.

Es werden Bilder gezeigt, in denen die Menschen nur eine Hand haben oder der Fuß abgehackt wurde. Jeder Imam, der auch nur im Geringsten versucht, diese Vorurteile gerade zurücken und islamisch ins richtige Licht zu setzen, wird als Hassprediger mies beleidigt.

Der IS ist sowieso das Allerletzte. Ich habe mit Politik nichts zu tun. Ich kenne nur den Islam aber nicht die Art, wie man damit versucht Terror zu verbreiten. Ich weiß nicht, woher das kommt und wer sich so etwas, warum ausdenkt. Syrien hab ich auch nicht verstanden.

Ich sagte schon zu Anfang: Es gibt Soldaten, die werden von der Regierung bezahlt und töten und es gibt Menschen, die sich bewaffnen und töten. Jeder von ihnen ist ein Mörder.

Wenn auf Befehl des Präsidenten getötet wird, spricht man nicht von Terror und Gewalt gegen den Menschen, sondern man spricht von einem Verteidigungsangriff.

Dabei stellt sich mir die Frage: Was ist

eigentlich Willkür?

Muss das sein? Brauchen wir Menschen so etwas wirklich?

Das widerlichste Wort der Deutschen ist Scharia.

Die Scharia ist brutal, menschenverachtend und mittelalterlich. Es gibt keinen Menschen in Deutschland, der sich mit dem Wort Scharia richtig auseinander gesetzt hat. Es kann allerdings auch sein, dass Ehebruch in Deutschland ein Kavaliersdelikt ist. Es wird immer gesagt, fremd gehen, wäre nicht so schlimm, wie, als wenn man sich steinigen lassen muss.

Wer verarscht hier eigentlich wen?

Könnt Ihr Dummbeutel es Euch eigentlich vorstellen, dass es nicht darum geht, sich steinigen zu lassen, sondern dass es einfach nur darum geht, dass man nicht fremd gehen soll.

Außerdem gibt es die Zeugenpflicht. Es müssen vier erwachsene Männer gesehen haben, dass eine Frau oder ein Mann mit einem unehelichen Partner Geschlechtsverkehr hatte. Im Klartext heißt das: Vier Männer rein ins Zimmer, wenn er gerade mit seinem Schwanz bei ihr in der Muschi steckt.

Deutlicher gehts nicht, es sei denn, er hätte ihr in den Arsch gefickt.

Ich finde so etwas bescheuert.

Sorry für den brutalen Klartext, aber anders geht es nicht.

Genau das ist das Problem in Deutschland. In Deutschland kann man nur Geld verdienen mit Islamisten, Salfisten, Hasspredigern und Quranverteilungstop, Moscheeschließungen, Terror im Namen des Islams und dem IS. Immer, wenn man darüber schreibt und es in allen Zeitungen breit tritt, dann wird zugehört und sich aufgeregt. Alles wird hoch geschaukelt bis zum geht nicht mehr und auch wirklich jeder Bürger Hass verspürt, sobald er einen Muslim sieht.

Das Wort Muslim gibt es übrigens nicht. Ich werde es Euch beibringen.

Es gibt etwas, was wir nicht brauchen in Deutschland.

Wir brauchen keinen ismus und keine isten. Damit meine ich Journalisten, Einzeltäter, die übertrieben hart berichten und auf die Menschen losgehen, um ganz Deutschland zum Opfer von Zeitschriftenterror zu machen. Und da sich der Journalismus auch im Fernsehen abspielt, brauchen wir auch dort nicht Bilder des Grauens, der Verstümmelung und sonst was, was an Brutaltät statt findet.

Das, was den Deutschen dort preis gegeben wird, ist Medienterrorismus von Medienterroristen.

Ich will keinen Terror. Ich brauche weder Terroristen, die sich hinter dem Islam verstecken und genau wie die bezahlten Soldaten töten. Ich brauche auch keine Journalisten, die sich auf alles, was nach Terror aussieht, stürzen und es ausnutzen, um Leser oder Zuschauer zu gewinnen. Deutschland hat ein Recht darauf, den Islam als Religion kennenzulernen.

Der Islam als Glaube

Nur weil ich gegen die ausschließlich schlechte Berichterstattung der Medien bin, wenn es um den Islam geht, heißt es nicht, dass ich für Terror bin.

Ich bin gegen Terror. Das, was ich möchte ist, dass es aufhört, den Islam nur auf eine Art zu präsentieren. Ich möchte versuchen, einen Beitrag dazu zu leisten, den Islam als menschenfreundiche und friedliche Religion zu präsentieren. Da ich keine Gelehrte bin, steh ich natürlich weit unter den Fähigkeiten im Vergleich zu einem Imam.

Aber nun denn. Selbst der Prophet Muhammad, Friede und Segen auf ihn, war ein einfacher Mann und er hat es letztendlich geschafft, den Islam zur zweitgrößen Religionsgemeinschaft zu machen in der Welt. Und das ist kein Scherz. Der Prophet Muhammad, Friede und Segen auf ihn, ist zwar schon lange tot, aber seine Sunna ist immer noch das Sinnbild zusammen mit dem Quran für den islamischen Idealismus. Beides zusammen, Quran und Sunna, ist kultuprägend. Quran und Sunna zusammen bilden die Scharia, der Weg zur Tränke und islamischen Rechtsfindung.

Und es ist tatsächlich so. Islam ist Glaube. Ich hab darüber zwar schon geschrieben, jedoch um den Zusammenhang zu verdeutlichen, schreibe ich alles noch mal. Islam bedeutet Gottergebenheit. Ein Muslim ist ein Mensch, der sich Gott unterwirft. Beide Worte, Islam und Muslim, sind untrennbar von einander.

Ein Muslim betet einen Gott an, ist einem Gott dankbar, gehorcht einem Gott und glaubt an einen Gott. Ein Muslim lehnt jede Art von Götzendienst ab. Das bedeutet, im Islam gibt es keine Talismane, Statuen, Bildnisse, Omen, Astrologie. Auch Wahrsagerei wird abgelehnt. Der Muslim glaubt an Engel. Der vielleicht besonderste Engel, ist der Engel Gabriel, durch den der Prophet Muhammad, Friede und Segen auf ihn, den Quran übermittelt bekam. Ein Muslim respektiert alle Offenbarungsreligionen. Zu diesen Religionen gehören das Judentum und das Christentum. Es ist so, dass der erste Teil der Tora, das Alte Testament, ein wichtiger Grundpfleiler ist im Islam. Moses ist der meist genannte Prophet im Quran. Mit der Bibel spielt der Prophet Jesus auch eine große Rolle im Quran. Im Quran wird in Sure Mariam über die Geburt des Propheten Jesus erzählt. Es ist nur so, dass der Quran immer der Maßstab zur Wahrheit ist, da der Quran unverfälschlich, unzerstörbar und unnachahmlich ist. Der Quran ist die letzte Offenbarung. Es wird niemals einen Muslim geben, der sich an der Tora oder der Bibel vergreift, um diese zu beschmutzen oder zu verbrennen. Beide Bücher, die Bibel und auch die Tora, werden respektiert, jedoch nicht als Glaubensquelle oder Richtschnur akzeptiert. Der Quran entwirkt sozusagen als letzte Offenbarung die vorangegangenen Schriften. Der Muslim glaubt an alle Propheten. Der letzte der Propheten ist Muhammad, Friede und Segen auf ihn. Mit Muhammad, Friede und Segen auf ihn, ist die Prophetie abgeschlossen und es wird keinen Nachfolger geben. Propheten waren immer Männer. Es waren rechtschaffene, ehrliche und aufrichtige, anständige Männer, die unbestechlich waren, nie etwas verbargen oder abänderten, auch waren Propheten stets gehorsam gegenüber Gott.

Propheten werden nicht angebetet, sondern es waren Menschen, die sich als Botschafter verstanden, um den Menschen etwas zu lehren oder zu vermitteln. Es stand zwischen dem Weg von Gott zu Prophet (Mensch) immer die Engel. Die Grundaufgabe ist immer den Glauben an einen Gott zu vermitteln und auch die Wichtigkeit nur Gott zu gehorchen. Und da gibt es etwas sehr Wichtiges: Wenn man Gott gehorchen will, muss man seine Gesetze lernen. Nicht immer ist alles gleich einsehbar und verständlich, jedoch mit Gott als Partner, kann man niemals zum Verlierer werden. Als Muslim glaubt man an das Schicksal oder die Vorherbestimmung. Aus diesem Grund lehnt der Muslim Wahrsagerei und Astrologie ab. Nur Gott weiß, was passiert. Manchmal denkt man, es ist gut für einen, dabei ist es schlecht und manchmal denkt man, es ist schlecht für einen, dabei ist es gut. Gott weiß es am Besten. So lebt ein Muslim in Gottvertrauen. Das, was den Menschen nicht treffen soll, trifft ihn nicht. Das, was dem Menschen treffen soll, dagegen kann kein Mensch etwas tun. Alles kommt so, wie es kommen soll und muss.

Als Muslim glaubt man an den Tag der Auferstehung, an dem alle Menschen zusammen gerufen werden, um ein letztes Mal Rechenschaft abzulegen. Es wird ins Horn geblasen und alle Toten werden auferstehen und ihrer Taten und Worte einzeln kundtun. Keiner der Menschen wird einen Fürsprecher haben. Weder sein Besitz, noch seine Kinder werden dem Menschen, seiner Seele beistehen können. Es ist der letzte Tag und dieser Tag wird entscheiden, ob der Mensch, seine Seele, ins Höllenfeuer kommt oder eine Platz im Paradies findet.

So ist das. Mit diesen Grundpfeilern wird sich jeder Mensch identifizieren können. Nur... man muss dem Ganzen auch eine Chance geben. Der Islam, die Unterwerfung zu einem einzigen Gott, beinhaltet niemals Terror. Die Scharia sollte nicht als Angstwort benutzt werden, sondern als einen Weg zur bestfunktionierenden Sozialstruktur, die es gibt. Die Scharia ist nicht dafür da, um den Menschen zu bestrafen, sondern um den Menschen mit seinen Grundlagen, Quran und Sunna, zu führen und anzuleiten.

Das Ziel ist es nicht, die Menschen zu trennen, sondern sich in Völkerveständigung kennenzulernen. Das Ziel ist auch nicht der Ehebruch, sondern wenn es tatsächlich nicht mehr anders geht, die Scheidung. Man soll respektvoll und verantwortungsbewusst miteinander umgehen. Und respektvoller Umgang, speziell mit Frauen, bedeutet nicht, jedem alles von einer Frau zu zeigen. Damit meine ich, dass sich Frauen mehr nackig als angezogen zeigen. Frauen sollen von den Männern beschützt und versorgt werden und nicht jedem anbiederbar sein. Ich denke auch, es ist viel schöner für einen Mann, eine Frau zu haben, bei der er weiß, dass sie ihn liebt und wo er sich sicher ist, dass sie sich wirklich nur ihm hingibt. Diese Situation ist sehr intim. Es soll eine Begegnung sein zwischen zwei Menschen, die sich einander nicht nur verpflichtet haben, sondern sich auch gegenseitig tragen und halten. Wenn man sich liebt, soll es nur zwei Menschen geben, damit das Wiemansichliebt ein Geheimnis ist und die schönste Nebensache der Welt. So stelle ich mir jedenfalls richtige Liebe vor als Frau. Es wird immer viel erzählt oder medial so aufgezogen, dass alles, was in irgendeiner Form vom Islam ist, menschenfeindlich ist. Nur Tatsache ist, dass es genau das Gegenteil ist. Im Islam geht es nicht darum jedem Menschen, egal wie, das Geld aus der Tasche zu ziehen. Geld und Besitz spielen im Islam sowieso keine Rolle, da es nie darum gehen soll, was man hat, sondern darum, dass man zufrieden ist, mit dem, was man hat. Denn es kann auch mal sein, dass man mit weniger da steht als sonst und spätestens dann wird man merken, dass zu viel haben, genauso wenig glücklich macht, wie zu wenig haben. Wir sollten dankbar sein für unser Leben und auch für die Zeit, die wir verbringen. Unser aller Leben wird eines Tages ein Ende haben. Jeder von uns wird sterben und in diesem Bewusstsein sollten wir jeden Tag leben, damit wir nicht erst merken, dass wir sterblich sind, wenn wir krank werden. Viele Menschen wachen erst dann auf. So manch einer ging morgens aus dem Haus und kam nicht mehr lebend zurück. Es war ein Autounfall oder ein Herzinfarkt. Um zu sterben gibt es tausend Wege. Man sagt im Islam, man wird so auferstehen, wie man gestorben ist. Wer weiß, wie meine letzte Minute wird?

Aber worauf ich eigentlich hinaus wollte:
Die Scharia verbietet nicht das Rauchen, um den Menschen daran zu hindern, sich auszuruhen und sich zu besinnen. Rauchen ist verboten weil es gesundheitsschädlich ist und Geldverschwendung. Wenn man im Islam jemanden Drogen verbietet, dann verbietet man dem Menschen die Drogen nicht, um dem Menschen den Spaß zu verderben, sondern um den Menschen dazu zu zwingen seine Spaß woanders zu suchen. Drogen bringen mehr Schaden als Nutzen, sowohl gesellschaftlich als auch familiär und finanziell. Das bringt nichts außer Ärger. Auch für die Gesundheit ist das nicht gut.

Nur bei Haschisch bin ich anderer Meinung. Es gibt wirklich Menschen, denen Haschisch hilft, vernünftig leben zu können. Ich bin als Muslima dafür Haschisch zu legalisieren, auch wenn Haschisch eine Droge ist und berauscht.

Auch das Verbot von Verzehr von Alkohol sollte einleuchtend sein. Finger weg und gut ist.

Ich lass jetzt das Thema

Schweinefleischverbot aus, obwohl ich es doch gerade schreibe.

Wenn man jetzt mal einen Strich darunter zieht, dann weiß man auch, warum es besser ist, den Islam zu unterdrücken anstatt den Islam mit Glaubensinhalten zu füllen und ihn als Lebensweise zu vermitteln. In Deutschland geht es nur ums Geld und niemals um rechtschaffenen Idealismus. Jeder Mensch wird dazu missbraucht, besonders die Frau, um den Konsum zu steigern. Es geht um Sex, egal wo und mit wem. Es geht um Mode und Parfüm. Es geht um Pornografie und es geht auch um Fleischproduktion. Es geht in der Fleischproduktion nicht um das Tier, sondern tatsächlich nur um das Endprodukt. Wie man ein Tier tötet bildet keinen Tierschutz. Tierschutz ist der Umgang mit dem Tier, wenn es lebt. Das bedeutet artgerechte Haltung, Pflege, Fürsorge. Fürsorge auch dann, wenn das Tier krank wird. Tatsache ist aber, das ganz besonders Schweine in der Massentierhaltung auf Mast gehalten werden und es egal ist, wenn das Tier beim Schlachter ankommt, ob das

Schwein verletzt, krank oder behindert ist. Das Schwein ist kein Tier, sondern ein Kotelett.

Schon allein deswegen sind Schafe gesünder, weil man Schafe niemals in Ställen halten kann. Schafe sind Herdentiere, die auf die Weide müssen. Wenn man einem Schaf die Kehle durchschneidet, dann verblutet es innerhalb von einer Minute. Das Schaf steht unter Schock.

Fakt ist: wir müssen töten, um zu essen. Das darf man niemals vergessen.

Das Betäuben mit einem Bolzenschussgeraät, dass dem Tier die Schädeldecke zertrümmert, ist sehr schmerzhaft. Auch diese Betäubung klappt nicht immer. Und das ist auch keine Betäubung. Das ist Tiermisshandlung und Tierquälerei auch noch im letzten Augenblick des Lebens des Tieres. Ich weiß nicht, wie man töten human nennen kann. Jemanden zu töten, bedeutet ihm mit Gewalt das Leben nehmen. Nur der Tod des Tieres ist das Ende seines Lebens. Das,was uns beschäftigen sollte, bevor wir das Tier töten ist, wie das Tier lebt. Und spätestens dann, wenn man das Tier wieder als Lebewesen betrachtet, dann wird man sich auch Zeit nehmen, das Tier vernünftig zu töten.

Vorurteile und was dahinter steckt

Eigentlich sind das keine Vorurteile, sondern eher wieder mediale Hetze, irgendwie zusammen gewürfelt und auch nicht dem Umstand entsprechend erzählt.
Ich fang jetzt einfach mal an mit Zwangsheirat.
Zwangsheirat gibt es im Islam nicht. Das ist gegen die Sunna. Der Prophet hat Ehen, in dem ein Partner ohne Einwilligung gezwungen wurde zu heiraten, geschieden. Und dann Ehe mit Kindern: Sobald ein Kind in die Pubertät kommt, ist es kein Kind mehr, sondern islamisch reif. Ab dem Zeitpunkt der Pubertät darf ein Junge und ein Mädchen heiraten. Das Alter der Ehepartner hat keine Relevanz. Wichtig ist, dass beide zueinander stehen, sich lieben und respektvoll miteinander umgehen und sich versorgen. Es gibt im Internet manchmal Bilder, wo ein alter Mann neben einem kleinem Mädchen sitzt und wo erzählt wird, der Mann hätte das Mädchen geheiratet. Der Altersunterschied sieht aus wie 60 oder

so. Wer weiß, ob das stimmt?

Wenn so etwas passiert, dann passiert das aus Armut. Die Eltern können vielleicht nicht richtig für das Kind sorgen und geben es daher weg. Der alte Mann bezahlt den Eltern eine Brautgabe, so dass auch die Eltern versorgt sind. Ich halte solche Geschichten aber für absurd. Da kann die Kleine genauso wenig etwas mit ihm anfangen, wie der alte Mann mit dem Mädchen. Und Pädophilie: Da halte ich mich noch weiter von fern. Denn, selbst wenn das Mädchen noch sehr jung ist, meinetwegen 13 Jahre und es ist geschlechtsreif, dann ist das Mädchen auch zeugungsfähig. In unserer Gesellschaft werden von jungen Müttern auf RTL 2 Filme gedreht, um die Schwangerschaft samt Geburt öffentlich zu dokumentieren. Diese Mädchen wurden nicht verheiratet, aber von einem jungen Mann dran genommen. Ob das nun Liebe war oder ein Abenteuer, das sei dahin gestellt. Tatsache ist, dass die Mädchen immer alleine sind mit den Babys oder sogar ins Mutter- Kind - Heim müssen, sobald das Baby da ist. Und im Islam ist es so, dass außerehelicher Sex verboten ist. Auch junge Paare, egal welchen Alters, müssen heiraten. Es ist eben eine Sache von Zweien, anständig, respektvoll und verantwortungsbewusst miteinander umzugehen.

Es gibt da noch eine Sache, die ausschließlich von Männern erfunden sein muss. Im Quran steht „Die Frau ist für den Mann ein Saatfeld und kommt zu ihr,wann ihr wollt".

Das liest sich wie eine echte Opferrolle, gemacht für die Männer, um sich, wie auch immer und wann auch immer, über die Frau herzumachen.

Vergesst den Blödsinn! Da steht Saatfeld und nicht Acker. Und ein Saatfeld ist keine Räuberhöhle. Aber was bedeutet das im Klartext? Ich nenne das jetzt mal sexuelle Aufklärung im Islam. Die Regeln im Umgang mit dem Sex sind übrigens auch aus der Scharia. Okay.... Here we go!!!

Zu jeder Tages und Nachtzeit, Sex haben, ist erlaubt. Jedoch nur im Einverständnis der Frau. Sex darf nicht erzwungen werden. In der Aya steht auch, schickt gutes Voraus, denn ihr werdet vor Allah Rechenschaft ablegen müssen. Weiterhin ist Sex verboten, wenn die Frau ihre Tage hat oder im

Wochenbett ist. Das Wochenbett sind die 40 Tage nach der Geburt, in der die Frau blutet. Egal wie, beinhaltet auch, dass solange der Verkehr vaginal passiert, es ist egal ist, ob von hinten oder vorne der Mann in die Vagina mit seinem Glied eindringt. Der Geschlechtsverkehr gilt als vollzogen, wenn die Spitze des Penis in die Vagina eingedrungen ist. Analsex ist verboten. Der Prophet Muhammad, Friede und Segen auf ihn, sagte: „Verfucht sei der Mann, der mit einer Frau anal verkehrt.

„Eure Frauen sind ein Saatfeld für euch; darum bestellt euer Saatfeld wie ihr wollt. Doch schickt (Gutes) für euch voraus. Und fürchtet Allah und wisset, daß ihr Ihm begegnen werdet. Und verheiße den Gläubigen die frohe Botschaft. **(Quran 2:223)**

Und verheiße den Gläubigen frohe Botschaft, bedeutet Schwangerschaft. Sehr Ihr: Scharia bedeutet nicht Steinigung, sondern im Quran steht nach meinem Verfahren sogar genau, wie man Sex haben soll. Zwischen Eheleuten versteht sich.

Das ganze ist sehr Komplex. Ich habe zwar viele Rechtsurteile gefällt, bin aber nicht meiner Beweispflicht nachgekommen. Ich habe also eine Fatwa geschrieben über Sex im Islam.

Es gibt immer zwei Quellen, um der Rechtsfindung nachzugehen. Quelle eins ist der Quran und Quelle zwei sind die Hadithe. Hadithe sind Überlieferungen der Worte und Taten des Propheten Muhammad, Friede und Segen auf ihn. Es gibt in jeder Lebenslage Überlieferungen von Urteilen des Propheten. Das Einzige, was ich kenne, dass der Prophet verbot, ist Analsex. Alles andere hat er offen gelassen. Es gibt Urteile von Gelehrten, die entweder Oralsex verbieten oder erlauben. Oralsex ist sicherlich nicht jedermanns oder jederfraus Sache, aber dagegen oder dafür kann jeder sein. Macht, was ihr wollt, aber macht es unter Euch aus. Intimität und Sexualität geht genau zwei Leute was an und mehr nicht.

Kommen wir zur Zwangskonversion.
Ich finde das Wort schon eine Frechheit. Tatsache ist, dass man Menschen zu etwas zwingen kann, dass sie machen sollen.

Jedoch kann man keinen Menschen dazu zwingen, an etwas zu glauben. Das geht nicht. Jeder Gottesdienst im Islam ist ungültig, solange man nicht aus freien Willen den Islam angenommen hat, geistig gesund ist, das Pubertätsalter erreicht hat und den Islam kennt. Auch das Fasten im Monat Ramadan ist ein Gottesdienst. Ein Nichtmuslim kann das für sich mal ausprobieren, jedoch ist er keinem Menschen dazu verpflichtet. Der Muslim fastet aus Gehorsamkeit gegenüber Gott, weil Gott den Muslimen das Fasten im Monat Ramadan zur Pflicht gemacht hat. Aber wenn man in einem muslimischen Land im Ramadan Urlaub macht, ist es klar, dass man nicht isst und trinkt in der Öffentlichkeit. In der Öffentlichkeit!!!! Muslime fasten zwar auch, aber es war noch kein Muslim dabei, der nicht hier und da mal heimlich gemogelt hat. Aber das ist ein Geheimnis zwischen ihm und Gott. Und Gott ist bekanntlich derjenige, der niemals jemanden verrät. „Das, was Gott verborgen lässt, muss der Mensch den anderen nicht kundtun".

Thema Genitalverstümmelung.

Die Genitalverstümmelung muss eine alte Tradition sein, die aus Ägypten stammt und schon 4000 Jahr alt ist. „Die Pharaonische Beschneidung" ist eine üble Angelegenheit, bei der jungen Mädchen die Klitoris und die Schamlippen entfernt wird, ohne Betäubung, mit einer Rasierklinge oder Glassscherben. Das ist brutal, lebensgefährlich und wirklich schändlich. Laut UNICEF ist das verboten worden, jedoch halten sich die Leute nicht daran. In Hadithen wird das auch erwähnt. Der Prophet Muhammad, Friede und Segen auf ihn, sagte, es dürfe nur ein geringer Teil der Klitoris und der Vulva entfernt werden. „Es soll weder Schaden bringen, noch Schaden entgegen wirken".

Ich finde dieses Thema sehr schwierig. Ich bin aber froh darüber, dass es nicht durchgeführt wird und nur eine Praktik ist in manchen Ländern. Ich, als Muslima, würde mich niemals beschneiden lassen. Ich finde aber die Beschneidung von Männern sehr wichtig. Erstmal sieht der Penis ohne Vorhaut viel ansehnlich aus, ist hübscher und natürlich auch wegen der Hygiene. In jungen Jahren haben Männer da noch keine

Probleme, jedoch im Alter kommt es unter der Vorhaut bei manchen Männer zu Ablagerungen, die übelst aussehen und auch übelst riechen. Ein Mangel an Hygiene unter der Vorhaut kann zu Peniskrebs führen. Ältere Männer können auch unter einer Vorhautverengung leiden, so dass sie Schwierigkeiten bekommen, eine Erektion zu haben.

Die Dawa

Das Wort Dawa bedeutet „Einladung zu dem Glauben an den einzigen Gott".
Sobald ich einen Nichtmuslim irgendwelche Glaubensinhalte präsentiere, bin ich im Bereich der Dawa. Auch dieses Buch beinhaltet Dawatitel, jedoch ist mein Aliegen nicht die Dawa.
Es gibt in Deutschland eine islamische Bewegung. Diese Bewegung zielt darauf ab, Nichtmuslime den Unglauben auszutreiben. Es geht also diesen Menschen nicht darum, den Menschen den Glauben an den einzigen Gott nahe zu bringen, sondern dem Unglauben den Kampf anzusagen.
Diese Gruppierung ist nicht wirklich eine neue Glaubensgruppe, sondern man kann sie als Menschen bezeichnen, die einen sogenannten passiven Krieg führen, gegen alles, was nicht islamisch ist. Es geht nicht darum, dass diese Muslime an etwas anderes glauben als ich, eine andere Aqida haben, sondern es geht darum, dass diese Muslime sehr aggressiv mit dem Thema Dawa umgehen.
Das ist ein Dschihad. Dschihad ist ein Krieg

im Namen Allahs. Manche Muslime bezeichnen Arbeiten gehen als Dschihad, weil sie für Gott arbeiten und ihre Familie versorgen. Andere Menschen, die dschihadistische Gruppe, strengt sich für Gott an, um Nichtmuslime vom Islam zu überzeugen. Der Dschihad ist vielfältig und bedeutet nicht immer nur Waffengewält.

Mir ist noch niemand von diesen Dawaleuten begegnet, jedoch wenn es mal passiert ist, wurde ich, wenn ich eine andere Meinung hatte als sie oder etwas nicht gleich verstand, sofort gesperrt oder versucht zu manipulieren. Diese Muslime halten Kurse ab, wie die Leute damals, die Zeitungen an der Tür verkaufen, um eine ganz bestimmte Rhetorik auszupfeilen, die den Nichtmuslim verbal in die Knie zwingen soll. Bei Erfolg wird geklatscht und beleidigt. Mittlerweile ist dieser doch sehr drastische Umgang von den Behörden verboten worden. Es geht bei der Dawa nicht nur um die Bitte um Spendengeldern, sondern es geht auch darum, kleine Heftchen oder Bücher zu verteilen.

Ich finde diese Bücherverteilung sehr positiv und auch bin ich froh, dass es im Internet genug Möglichkeiten gibt, sich über den Islam anhand von Vorträgen zu informieren. Bei allem, was mir machen, gibt es immer Menschen, die sind sehr fordernd, andere sind einladend. Ich bin sehr froh, dass Bildung im Islam umsonst ist. Islam geht nicht ohne Bildung. Es ist unsere Pflicht uns zu bilden, solange bis wir tot sind.

Diejenigen Muslime, die fordernd einladen, Dawa machen, werden in Deutschland von den Medien als Salfisten, radikale Muslime und Islamisten betitelt. Nun, alle diese Worte sind sehr abstrakt, sodass ich vermute, dass kein Medienexperte mit diesen Menschen wirklich etwas anfangen kann. Unsere dschihadistischen Dawaexperten vermeiden nämlich jeden Kontakt mit der Presse und stellen sich auch gegen den Verfassungsschutz.
Der Verfassungsschutz möchte immer gerne etwas finden, wo er erkennt, dass der Muslim gegen das deutsche Recht verstößt. Nur leider klappt das nicht. Und ich kann auch sagen, warum das nicht klappt. Ein

Muslim, der sich wirklich an seine Religion hält, wird niemals Drogen oder Alkohol nehmen. Dieser Muslim wird freitags die Moschee besuchen zum Gemeinschaftsgebet. Dieser Muslim wird einen Job haben, um mit dem Geld seine Familie zu versorgen und dieser Muslim wird in die Moschee gehen, um von einem Imam seine Religion zu lernen.

Unsere dschihadistischen Muslime sind nicht gefährlich, sondern nervig. Tatsache ist, dass, wenn ein Muslim nicht im Mainstream der Ungläubigen läuft, er sich selbst zum Außenseiter macht. Er, der Muslim, weiß genau, dass er im Recht ist, wenn er sagt Ehebruch oder Prostitution, oder Alkohol, oder Zigaretten oder Drogen oder Schweinefleisch sind nicht gut für die Gesellschaft und der Muslim weiß auch, dass er damit ausdrückt, gegen das Recht auf freie Entfaltung zu sein.

Wirklich: Nur weil in Deutschland die Uhr auf egal steht, muss man nicht alles mitnehmen, was gerade läuft. Ich bin nicht gegen die Mentalität egal, sondern ich bin für wichtig und richtig.

Ich bin nicht für Kampf gegen Unglaube, sondern ich bin dafür zu versuchen, den Menschen zu erklären, dass der Islam keine Religion ist, die die Menschen in ihren Ansichten und Überzeugungen bekämpft, sondern ich bin dafür, den Menschen zu erklären, das der Islam eine sehr soziale Lebensweise ist, die in jeder Lebenssituaton gangbar ist.

Aber auch als Muslim muss man die Regeln lernen. Alles, was ich nicht weiß, kann ich nicht befolgen und selbst wenn ich etwas weiß, bin ich nicht unbedingt immer in der Situation, um etwas anders richtig zu machen.

Ich bin gegen Medienterror und ich bin auch gegen jeden Ansatz von Übertreibung. Im Islam ist es auch verboten zu übertreiben. Der Gesandte Allahs, Friede und Segen auf ihn, sagte: „Jeder von Euch soll nur so viele Taten vollbringen, wie er bewältigen kann." (Buchary)

Das Problem in Deutschland ist nicht nur, dass die Muslime mit abstrakten Worten eingeordnet werden, sondern es gibt auch

Anfeindungen zwischen den Muslimen selbst. Ein Muslim redet über den Muslim schlecht. Manche Prediger, Imame, widerlegen Ansichten von anderen Imamen, um sich als besserwissend hervorzuheben. Und nicht zuletzt gibt es Sekten im Islam, die ganz besonders durch die Sunniten begründet abgelehnt werden und sogar abempfohlen. Durch dieses Verhalten können Nichtmuslime, Muslime nicht einordnen und Wissen von Tradition unterscheiden. Sekten gibt es nicht umsonst.

Ich habe gerade den Dschungel betreten, so fühlt es sich an.
Aus all diesen Gründen, um den Medienterror von Journalisten etwas in das Menschenverständnis zu rücken, bin ich für islamische Aufklärung in Deutschland. Ich bin dafür, den Islam als Religionsfach in den Schulen einzuführen. Und natürlich wäre es auch schön, wenn man in Deutschland Imame ausbilden würde. Jedoch werden auch in diesem Bereich Zweifel angehoben, dass der Islamunterricht staatlich kontrolliert wird und auch der Islam dort manipuliert

wird, damit der Islam in das deutsche Verständnis zum Thema Freiheit passt.
Das ist so wie bei Garfield: „Du darfst solange Recht haben, bis ich etwas anderes behaupte."

Es gibt Leute, die hören sich alles an und glauben auch alles. Ich gehöre eher zu den Leuten, die Mist sofort wegschmeißt, wenn sie ihn sehen. Es gibt aber Menschen, die sich manipulieren lassen.
Das Ende unserer aller Reise mit dem Islam sollte sein, nicht zu übertreiben, sondern einzuladen. Und es sollte auch aufgehört werden den Islam nur mit Terror in den Medien an die Oberfläche zu bringen. Es gibt so viele Muslime in Deutschland, so dass, wenn Muslime tatsächlich Terroristen wären, es kein S.W.A.T geben müsste. Das Wort kommt aus Amerika und bedeutet: Taktische Spezialeinheit für polizeiliche Sonderlagen.
In Deutschland gibt es bestimmt so etwas Ähnliches, nur unter einem anderen Namen.

Fangt bitte an, irgendwie klar zu kommen mit dem Thema „Islam in Deutschland".

Islamischer Religionsunterricht

Dieser Block ist leichter geschrieben als in die Tat umgesetzt.

In Deutschland gibt es wenig Lehrmaterial zum Thema Islam und es gibt auch nur wenige Lehrer, die dafür ausgebildet sind, islamischen Religionsunterricht zu geben. Das ist nicht nur in den Schulen so, sondern auch in den Moscheen.

In den Moscheen wird Arabisch gelehrt, jedoch ohne aktiv das Schreiben und Lesen zu lehren. Zumal schreiben und lesen an sich, nicht wirklich etwas mit dem Lernen der Religion zu tun hat, wenn man nicht gerade den Quran abschreibt. Und selbst, wenn man den Quran abschreibt, ist es nicht unbedingt wichtig, gleichzeitig einen Tafsir daneben zu legen. Manche Menschen kalligrafieren.

Fakt ist, dass in Moscheen für Kinder kein Unterricht gegeben wird, um den Islam als Glauben zu verstehen. Leider sind den Kinder auch die Gottesdienste und deren Regeln nicht bekannt. Islam ist hauptsächlich Tradition und das Leben der Muslime wird nicht durch das Wissen in den Büchern bestimmt, sondern je nach Stimmung, nach den Ansichten des

Herkunftslandes. Nicht immer ist die Tradition falsch, jedoch fehlt es den Muslimen, die den Islam traditionell leben, an jeglicher Grundlage ihre Worte und Taten durch Wissen aus Büchern zu begründen. Es kann dadurch schnell zu Erneuerungen kommen und auch falsches Verhalten ohne scharialen Hintergrund.

Es gibt den Ethikunterricht und im Ethikunterricht wird versucht, irgendwie an das Thema Islam heran zu gehen. Nur eben ohne Erfolg.
Im Islam oder besser in der Scharia ist alles erlaubt, solange man nicht einen Beweis hat, dass es verboten ist. Jeder Gottesdienst ist verboten, solange man nicht den Beweis dafür hat, dass er erlaubt ist. Das bedeutet, als Lehrer kann ich nicht so ohne Weiteres erzählen, dass ein Muslim beten muss, an Ramadan fasten, Zakat abgeben und zur Pilgerfahrt verpflichtet ist.
Das sind Gottesdienste und ich muss quranisch beweisen, dass Gott diesen Gottesdienst befohlen hat. Ich darf auch nicht so einfach erzählen, Schweinefleisch wäre verboten zu essen, ohne den Menschen zu beweisen, dass es stimmt.
Das bedeutet, egal, um was es geht, es werden stets Behauptungen aufgestellt. Nicht immer sind Behauptungen Lügen,

jedoch ohne tatsächlichen Beweis, steht Lüge und Wahrheit immer beieinander.

Es ist auch so, dass im Islam Werte vermittelt werden, die der heutigen Konsumgesellschaft ungelegen sind. In der Scharia geht es nicht ums Geld, sondern um Sozialverhalten. Besitz hat jeder: Der eine mehr und der andere weniger, deswegen kann Besitz nicht das Maß aller Dinge sein. Ich denke, es ist am Besten mit Beweisen anzufangen, um die Glaubensgrundlagen im Islam quranisch zu präsentieren.
Fangen wir mit dem Glauben an Gott an. Tatsache ist, dass ich keine Grundlage habe den Menschen zu beweisen, glauben zu müssen oder überhaupt einen Glauben festzumachen. Es liegt an jedem Menschen selbst, ob er die Worte im Quran annimmt oder nicht.

wenn dein Herr wollte, würden die, die auf der Erde sind, alle zusammen gläubig werden. Willst nun du die Menschen (dazu) zwingen, dass sie glauben?" **(Quran 10:99)**

Es ist mir unmöglich, den Islam jemandem zum Glauben zu machen. Es liegt an Euch, es muss an Euch liegen, ob Ihr glaubt oder nicht glaubt.

Aberwenn ich doch glaube, dann bin ich als Muslim zum Gebet verpflichtet.
Das sagt Gott im Quran:
„Wahrlich, Ich bin Allah. Es ist kein Gott außer Mir, darum diene mir und verrichte das Gebet.“
(Quran 20:14)

Ich muss auch quranisch begründen, wo es den Muslimen verpflichtet wurde, im Ramadan zu fasten:
„Ihr, die den Glauben verinnerlicht habt! Das rituelle Fasten wurde euch geboten, wie es denjenigen vor Euch geboten wurde, damit ihr ehrfürchtig werdet.“
(Quran 2 :183)

Ich muss auch belegen, dass die Armenabgabe (das Zakat) eine quranische Pflicht ist:
„Die Almosen sind für die Armen, die Bedürftigen, diejenigen, die damit beschäftigt sind, diejenigen, deren Herzen vertraut gemacht werden sollen, (dem Loskauf) von Sklaven, die Verschuldeten, auf Allahs Weg und für den Sohn des Weges, als Verpflichtung von Allah. Allah ist Allwissend und Allweise.“
(Quran: 9:60)

Ich muss auch beweisen, dass die

Pilgerfahrt ein befohlener Gottesdienst ist:
„Vollzieht die Pilgerfahrt (Hadsch) und die Besuchsfahrt (Umra) für Allah."
(Quran 2:196)

Ich halte das Thema Islam an deutschen Schulen generell für Problematisch.
Es geht nicht nur allein darum, fähig zu sein, Glaubensgrundlagen oder Gottesdienste zu vermitteln und zu beweisen, sondern es geht auch darum, dass der Islam eine Religion ist, die das Leben in Frage stellt. Wenn ich mir den Sexualkundeunterricht alleine anschaue, dann weiß ich, dass es dabei rein um das Lehren des biologischen Aktes geht und um die Unterscheidungsfähigkeit anhand von Geschlechtsorganen von Mann und Frau, respektive Junge und Mädchen. Um sexuell zu verkehren, sollte es nicht nur darum gehen, was man,wie, womit macht, damit ein Mädchen schwanger wird oder verhütet, sondern es sollte auch darum gehen, Jungen und Mädchen beizubringen, dass es wichtig ist zu heiraten. Deutschland ist bereits so freizügig, dass Kindern auch erklärt wird, was es bedeuten, wenn ein Mann mit einem Mann oder eine Frau mit einer Frau sexuellen Kontakt hat. Das heisst, es wird den Kindern erzählt, um sie aufzuklären, was ein homosexueller Geschlechtsakt ist.

Ich bin wirklich der Meinung, dass nur, weil alles geht und alles erlaubt ist, man nicht alles machen und wissen muss. Es sollte eine Grenze geben. Die Grenze wird der Islam setzen, in dem man auch im Religionsunterricht schariale Werte bespricht.

Ich habe behauptet, dass im Islam das Verbot des Verzehrs von Schweinefleisch gilt. Als mein Neffe damals noch zu Schule ging, bekamen die Kinder Arbeitsblätter zum Thema „Was darf ein Muslim essen?". Das, was verboten war, sollte angekreuzt werden. Das Problem ist nicht, dass es nicht stimmt, dass es verboten ist Schweinefleisch zu essen, sondern das Problem ist, dass es verboten ist Recht zu sprechen, ohne einen Beweis aus Quran und Sunna zu bringen. Die Lehrer in der Schule haben also ein Fatwa gemalt und den Ritus (die Scharia) ausgesprochen. Ich denke nicht, dass die Lehrer wussten, dass es sich bei solchen Urteilen, um die Scharia handelt.

Verboten hat Er euch nur (den Genuss von) natürlich Verendetem, Blut, Schweinefleisch und dem, worüber etwas anderes als Gott angerufen worden ist. Wenn aber jemand (dazu) gezwungen ist, ohne (es) zu begehren und ohne das Maß zu überschreiten, so trifft ihn keine Schuld; wahrlich – Gott ist allverzeihend, barmherzig. **(Quran 2:173)**

Ich möchte mit dem Ganzen erklären, dass man behutsam mit islamischen Themen umgehen muss. Nicht nur um islamische Themen fachlich und pädagogisch sinnvoll und richtig zu vermitteln, sondern auch damit bewusst mit dem Anders und Richtig umgegangen wird.
Der Islam ist eine Religion, die in allen Lebenslagen eine Perspektive bildet. Man darf nicht einfach etwas verbieten und man darf auch nicht einfach etwas erlauben, ohne eine Regel zu beweisen. Ich muss auch Beweise bringen, wenn es darum geht, etwas zu erlauben.

Toleranz muss auch bedeuten, zu akzeptieren, dass es Menschen gibt, die bestimmte Dinge ablehnen. Es darf keinem Menschen Homosexualität aufgezwungen werden und es darf auch nicht sein, dass, wenn man sich offen gegen Ehebruch ausspricht, man beleidigt wird oder als schändlich bezeichnet wird.
Im Quran ist für Ehebruch eine Strafe vorgesehen. Jedoch wird nicht befohlen die Sünde zu begehen, sondern die Sünde zu unterlassen. Es soll geheiratet werden und

vom Ehebruch, Sex vor der Ehe, Homosexualität (Zina) abgelassen werden. Klar ist auch, hoffentlich, dass es unmöglich ist, gleichgeschlechtliche Paare zu verheiraten.

"Und nähert euch nicht der Zina (Unzucht)! Gewiß, sie ist eine schändliche Tat und erbärmlich ist dieser Weg."
(Quran 17:32)

"Und verheiratet die Unverheirateten unter euch und die gottgefällig Guttuenden von euren Dienern und euren Dienerinnen! Sollten sie arm sein, wird ALLAH sie von Seiner Gunst reich machen. Und ALLAH ist allumfassend, allwissend." **(Quran 24:32)**

Das ist der Islam.
Der Islam ist die Religion der anders Denkenden. Und ich möchte letztendlich auch betonen, dass alles, was im Islam verboten und erlaubt ist, nur eine Einhaltungsverpflichtung gibt für Muslime. Die Scharia ist ein Rechtssystem, das jedem Muslim auf der Welt den gleichen Gesetzen unterwirft. Das bedeutet, ein Muslim in China wird nicht anderes erzählen, als ich, als Muslima in Deutschland.
Ich, als Muslima, lehne für mich ganz alleine Dinge ab, die Ungläubige für sich als normal

empfinden. Jeder trifft da seine Entscheidungen. Nur der Muslim gehorcht einer göttlichen Ordnung, während der Nichtmuslim seiner Veranlagung oder seinem Verlangen folgt. Was, das auch immer sein mag, soll der Nichtmuslim entscheiden.

Ohne den Islam als seine Religion angenommen zu haben, ist man zu keinem Gottesdienst verpflichtet. Das bedeutet auch, dass man, wenn man den Islam als Religion nicht anerkennt, auch nicht dazu verpflichtet ist, sich Verboten und Erlaubnissen zu unterwerfen. Und selbst ein Muslim, der sich der Scharia verpflichtet hat, hat Allah (Gott) nicht den freien Willen genommen. Anders ist es natürlich, wenn man sich in einem islamischen Land aufhält. Wenn man als Muslim der deutschen Gerichtsbarkeit unterliegt, dann unterliegt man in einem islamischen Land auch der Gerichtsbarkeit der Scharia.

Gelehrte zum Thema IS

Auf der Seite **www.reliogionen-im-gespraech.de** wurde eine Statementsammlung veröffentlicht, in der 126 Gelehrte erklären, was im Islam verboten ist.
Die Scharia, der Ritus im Islam, ist nicht menschenfeindlich und kriegerisch, sondern sozial in allen Angelegenheiten.

Aber lest bitte selber, was die Gelehrten zum Thema Abu Bakr al Bagdadhi, dem selbst ernannten Kalifen und seiner Irrologie sagen:

Der „Islamische Staat" tut, was im Islam verboten ist - Erklärung der 126 Gelehrten gegen den IS

Offener Brief von mehr als 120 Islamgelehrten an den Führer des IS
In einem offenen Brief an den Führer des IS, der sich ‚Abu Bakr al-Baghdadi' nennt,

haben mehr als 120 Islamgelehrte aus aller Welt die Ideologie und Handlungen der Terrororganisation verurteilt.

Zu den Unterzeichnern zählen der ägyptische Großmufti Schawqi Allam, hohe Vertreter der Al-Azhar-Universität in Kairo, der Jerusalemer Mufti Muhammad Ahmad Hussein, der jordanische Prinz und Religionswissenschaftler Ghazi bin Muhammad, der frühere Großmufti von Bosnien und Herzegowina Mustafa Ceric, sowie viele Gelehrte und Geistliche aus Arabien, Nordafrika, Asien, Europa und den USA.

In ihrem ausführlichen Schreiben legen die Gelehrten unter anderem dar, dass die Mitglieder des IS nicht die Kompetenz haben, Urteile in Angelegenheiten der Religion zu sprechen. Ihre Lehre und ihre Handlungen widersprächen den Grundregeln des Islams in fundamentaler Weise, so die Unterzeichner. Mord, Folter und Misshandlung Unschuldiger seien im Islam verboten, die Ausrufung des Kalifats durch die IS sei unrechtmäßig.

Die 24 Grundthesen des Briefs:

1. Es ist im Islam verboten, Rechtsgutachten (Fatwas) herauszugeben, die nicht den notwendigen gelehrten Anforderungen entsprechen. In jedem Fall müssen Fatwas den Standards der islamischen Rechtstheorie genügen, wie sie in den klassischen Texten dargelegt werden. Es ist weiterhin verboten, zur Begründung einer Entscheidung einen Vers oder den Teil eines Verses aus dem Koran zu zitieren, ohne die gesamte Lehre des Korans und der Hadithe zu dieser Frage zu beachten. Mit anderen Worten: Es gibt strikte subjektive und objektive Voraussetzungen für Fatwas, und man kann sich in rechtlichen Auseinandersetzungen nicht die Rosinen unter den koranischen Versen herauspicken, ohne den gesamten Koran und die Hadithe zu untersuchen.

2. Es ist im Islam verboten, Recht zu setzen, ohne die Arabische Sprache meisterhaft zu beherrschen.

3. Es ist im Islam verboten, Angelegenheiten der Scharia zu stark zu vereinfachen und etablierte islamische Wissenschaften zu ignorieren.

4. Es ist im Islam [den Gelehrten] gestattet, Meinungsverschiedenheiten über alle Angelegenheiten zu haben, ausgenommen die Grundlagen der Religion, die alle Muslime wissen müssen.

5. Es ist im Islam verboten, bei der Rechtsfindung die Wirklichkeit der Gegenwart außer Acht zu lassen.

6. Es ist im Islam verboten, Unschuldige zu töten.

7. Es ist im Islam verboten, Sendboten, Botschafter und Diplomaten zu töten; somit ist es auch verboten, Journalisten und Entwicklungshelfer zu töten.

8. Jihad ist im Islam ein Verteidigungskrieg. Er ist ohne die rechten Gründe, die rechten Ziele und die rechten Verhaltensrichtlinien nicht erlaubt.

9. Es ist im Islam verboten, jemanden als Nichtmuslim zu bezeichnen, es sei denn, dass er (oder sie) den Unglauben öffentlich erklären.

10. Es ist im Islam verboten, Christen und anderen ‚Schriftbesitzern' zu schaden oder sie zu misshandeln, in welcher Weise auch immer.

11. Es ist eine Pflicht, Jesiden als Schriftbesitzer zu erachten.

12. Die Wiedereinführung der Sklaverei ist im Islam verboten. Sie wurde durch universellen Konsens aufgehoben.

13. Es ist im Islam verboten, jemanden zur Konversion zu zwingen.

14. Es ist im Islam verboten, Frauen ihre Rechte zu verwehren.

15. Es ist im Islam verboten, Kindern ihre Rechte zu verwehren.

16. Es ist im Islam verboten, die gesetzlich vorgeschriebenen Körperstrafen (hudud) auszuführen, ohne die korrekten Verfahren zu beachten, die Gerechtigkeit und Barmherzigkeit garantieren.

17. Es ist im Islam verboten, jemanden zu foltern.

18. Es ist im Islam verboten, Tote zu entstellen.

19. Es ist im Islam verboten, Gott – gepriesen und erhaben ist Er – böse Taten zuzuschreiben.

20. Es ist im Islam verboten, die Gräber und Gedenkstätten der Propheten und der Gefährten des Propheten zu zerstören.

21. Bewaffneter Aufstand ist im Islam verboten, außer im Falle offenkundigen Unglaubens des Herrschers und wenn das Gebet nicht erlaubt wird.

22. Es ist im Islam verboten, ohne den Konsens aller Muslime ein Kalifat auszurufen.

23. Loyalität zur eigenen Nation ist im Islam erlaubt.

24. Nach dem Tod des Propheten – Frieden und Segen seien auf ihm – verpflichtet der Islam niemanden, irgendwohin auszuwandern.

Übersetzung: Muhammed F. Bayraktar/W. Reinbold.

Auf der Internetseite „Religionen im Gespräch" ist es möglich, eine PDF mit 51

Seiten runterzuladen, in der alles noch
etwas präziser erklärt wird.

Mein Fazit

Der Islam ist keine Religion, die in irgendeiner Weise auf Gewalt abzieht. Wenn man angegriffen wird, ist es sicher, sich verteidigen zu müssen. Und ohne Angriff gibt es keinen Krieg.

Das, was Terroristen machen, ist menschenverachtend und entspricht keiner Ansicht im Islam. Ich weiß nicht, warum ein Mann mit einem LKW in eine Menschenmenge fährt. Es ist Irrsinn, so etwas zu machen.

Es werden so viele Dinge mit dem Islam verbunden, die einfach nicht dazu gehören. Und es ist eine große Dummheit zu denken, dass es in den islamischen Quellen einen Hinweis gibt, sich so zu verhalten.

Nun, es geht um die isten und den ismus. Es ist zu viel. Das, was wir brauchen werden, ist ein Verständnis dafür, dass es Menschen, Muslime, gibt, die sich dem Kapitalismus entziehen und denen es ausschließlich um das Sozialverhalten geht. Im Islam geht es darum, was für den Menschen und die Gesellschaft sozial förderlich ist. Besitz hat keine Relevanz. Tatsache ist, dass Journalisten nur über Terror berichten und den Islam als Glauben außen vor lassen und ihn abideoligisieren, in dem sie dem Muslim Fantasienamen zu sprechen.

Es gibt keine Salafisten und keine Islamisten. Aber es gibt Journalisten, die Deutschland in Terrorangst versetzen, um zu verhindern, dass die Menschen merken, dass der Islam gegen die Konsumgesellschaft aber für Sozialverhalten ist.

Deutschland ist eine Geldmaschinerie. Es geht um Verkauf von Zeitungen, Einschaltquoten, Prostitution, Alkohol, Fleischproduktion und Konsumverherrlichung.

„Den Weihnachtsmann gibt es nicht".

Weihnachten ist eine Tradition, die jedes Jahr vom Einzelhandel neu idealisiert wird. Es ist an der Zeit, dass Christen anfangen, ihre Religion zu hinterfragen.

Das Wichtigste ist jedoch, eine Verständnis dafür zu haben, dass es Menschen gibt, die nicht alles mitmachen. **Ich kann und ich darf nein sagen.**

Assalam alaikum

Andrea Mohamed Hamroune

Bitte besucht auch meine Internetseite:

www.assira-verlag.de